AF337514

ISTHME

DE SUEZ

SES CHANTIERS — SON AVENIR

PAR

SÉBASTIEN BERTEAUT

Secrétaire honoraire de la Chambre de Commerce

DE MARSEILLE

MARSEILLE

IMPRIMERIE DE JULES BARILE

Rue Sainte, 6

—

1869

ISTHME DE SUEZ

SES CHANTIERS — SON AVENIR

Quatre ans se sont écoulés à peine depuis que la Chambre de Commerce, répondant à l'appel de M. de Lesseps, nous fit l'honneur de nous déléguer, M. Jules Roux et moi, pour la représenter dans la commission internationale qui devait constater l'état des travaux en cours d'exécution dans l'isthme de Suez.

Témoins des merveilles déjà réalisées, nous rendîmes un compte fidèle de tout ce que nous avions vu, et bien que notre rapport ne fût que l'expression affaiblie de nos impressions, son contenu contrastait tellement avec les préjugés accrédités, que nous fûmes taxés d'exagération. Au désert nous avions pris, disait-on, les effets du mirage pour la réalité ! Nous avions bâti sur le sable !

L'établissement de Port-Saïd, sur une mer ouverte et près d'une côte exposée aux atterrissements, était dénoncé comme un projet chimérique. Les jetées ne tiendraient pas et les sables trouveraient des digues impuissantes.

La traversée des lacs Menzaleh et Ballah présentait des obstacles encore plus insurmontables. Ces lagunes où s'épanche le trop plein du Nil échapperaient par leur inconsistance à toute fondation solide. Le chenal ne pourrait pas se maintenir ; les bords se rapprochant s'écrouleraient dans la fouille et l'on ferait en pure perte une besogne interminable.

Les seuils d'El-Guisr et du Sérapeum étaient considérés comme infranchissables et devaient, si on osait y toucher, renouveler le travail de Pénélope ; la nature particulière de ces reliefs énormes était réfractaire aux procédés connus, et leur enlèvement défiait la puissance de toutes les machines.

Le lac Timsah, les lacs Amers, ces gares d'évitement que la nature semble avoir placées tout exprès pour faciliter la viabilité projetée, étaient autant de gouffres où devaient s'engloutir, sans résultat sérieux, tous les apports d'argent, et où devaient échouer tous les efforts des hommes de l'art.

La mobilité des sables voyageurs était une cause irrémédiable de mécomptes, et la différence dans le niveau des deux mers pouvait déterminer un cataclysme.

Bref, soit du côté de la Méditerranée, soit du côté de la Mer Rouge, la malveillance grossissait les difficultés ou élevait des obstacles imaginaires.

Tel est, en résumé, le langage tenu par les hommes qui se vantaient d'être seuls clairvoyants et positifs. Il est douloureux de songer qu'une grande nation, ordinairement mieux conseillée par ses intérêts, transmettait le mot d'ordre de ces dénigrements indignes d'elle ; mais il est consolant de penser aussi que la France entière a noblement protesté par ses actes et prouvé, une fois de plus, qu'elle ne compte ni les sacrifices ni les labeurs, quand il s'agit d'accomplir une œuvre qui intéresse l'humanité.

A cette heure, les faits ont infligé un complet démenti aux sombres pronostics : l'expérience a donné raison aux rêveurs. L'œuvre touche à sa fin, grâce à la persévérance infatigable de **M.** de Lesseps, si habilement secondé, et les plus incrédules sont bien obligés d'ouvrir enfin les yeux à la lumière :

1° L'ouverture du Canal pour la communication avec la Méditerranée, une des parties les plus difficiles du projet, est aujourd'hui fort avancée. La jetée de l'Ouest a atteint son entière longueur, qui est de 2,500 mètres; à la jetée Est 1,300 mètres sont terminés, et les 600 mètres qui restent à faire pour l'entier achèvement du Port-Saïd sont déjà presque arrivés à fleur d'eau.

L'exécution de ces digues protectrices est confiée aux frères Dussaud, nos chers compatriotes, qui ont mené à bonne fin les travaux bien autrement importants de nos ports auxiliaires. Or, avec de pareils entrepreneurs on n'a pas à craindre de retard : on peut compter sur leur exactitude; il seront les premiers prêts.

En l'état, Port-Saïd, au dire des capitaines, est déjà le port le plus sûr de la Méditerranée après celui de Marseille; il est bien préférable au port d'Alexandrie, sur lequel il a l'avantage de passes plus profondes et d'une entrée et d'une sortie par tous les temps.

2° Les lacs Menzaleh et Ballah ont été vigoureusement attaqués. C'est là que M. Lavalley a trouvé un théâtre digne de lui. La cuvette est ouverte à grande section et sur le point d'atteindre tout son creux. Contrairement aux prévisions, la traversée des lacs n'a pas présenté des difficultés beaucoup plus sérieuses que le reste du parcours ; l'action du soleil a suffi pour dessécher presque instantanément les boues extraites, qui ont formé un macadam naturel Ce rivage de nouvelle création, quoique formé d'hier, semble déjà séculaire ;

3° Les seuils d'El-Guisr et du Sérapeum, contre lesquels devaient se briser tous les efforts, n'ont pas résisté aux forces combinées des bras et des machines. Une large tranchée, suffisante pour le passage du Canal maritime, a été ouverte dans les flancs de ces montagnes de sable argileux ; les couffes des felhas, les excavateurs à sec de M. Couvreux et les dragues de M. Lavalley sont venus à bout de ce gigantesque travail ;

4° La Méditerranée coule déjà dans le lac Timsah, et à cette heure commence à s'opérer le remplissage des lacs Amers. La quantité d'eau nécessaire est évaluée à deux milliards environ de mètres cubes ; elle doit être fournie à la fois par la Méditerranée et la Mer Rouge. Tout est disposé pour ce mariage prochain que rend sans danger la parfaite égalité des niveaux ;

5° Les cavaliers élevés à droite et à gauche du Canal, renforcés par les végétations vigoureuses qu'a développées la double action fécondante de l'eau et du soleil, ont fait aux sables, moins voyageurs qu'on ne croit, un rempart infranchissable, et de ce côté encore toute crainte sérieuse est dissipée.

Et tout cela sans préjudice des cités créées et déjà florissantes.

des cultures développées, des lieux pestilentiels assainis. La hyène et le chacal ont reculé devant le bourdonnement de la ruche humaine : partout l'activité des chantiers et la fécondité des oasis ont succédé à la solitude et à la stérilité du désert ; partout la vie a remplacé le néant.

N'en doutons plus, le Canal maritime que double le canal d'eau douce est entièrement percé de bout à bout ; les profondeurs seules n'ont pas encore atteint leur maximum ; mais pour ce qui reste à faire on peut s'en remettre en toute confiance au génie de M. Lavalley et au fonctionnement de ses merveilleux appareils.

Le cube des déblais qu'il a fallu extraire, pour éventrer la montagne de nos vieux quartiers et percer la rue Impériale de Marseille, représente à peine la somme de travail que ces appareils peuvent effectuer en treize jours ! pour vous faire une idée plus exacte encore de leur puissance, figurez-vous la ligne des boulevards parisiens, depuis la Magdeleine jusqu'au Château-d'Eau, remplie de terre sur toute sa largeur jusqu'au niveau du faîte des maisons. C'est la quantité de déblais que les chantiers de Suez peuvent enlever en un mois de temps ; cette quantité équivaut à 2 millions au moins de mètres cubes. Or, comme il n'en reste au plus que 19 millions à extraire pour achever complétement le canal, on peut déterminer, pour ainsi dire à heure fixe, le jour si désirable où les navires du plus fort tonnage pourront franchir l'intervalle d'une mer à l'autre.

Voilà ce que vient d'établir mathématiquement un homme auquel on ne reprochera pas d'être un rêveur, M. Borel, l'entrepreneur même qui partage avec M. Lavalley la responsabilité de ces grands travaux. Cet ingénieur, que Marseille est fière de compter parmi ses enfants, et dont personne ne contestera la compétence, ne craint pas d'attester, *sans jactance comme sans fausse modestie*, que le Canal maritime sera fini le 1er octobre 1869. Cette affirmation si précise, émanée d'une telle autorité et appuyée de chiffres, emprunte un caractère solennel à l'auditoire nombreux devant lequel elle a été produite. L'engagement contracté n'est pas une simple parole, il résulte d'un acte en règle ; il a été corroboré par la stipulation d'une pénalité grave, savoir : une amende qui n'est pas moindre de 500,000 francs par mois de retard. Ce dernier argument doit avoir, ce nous semble, quelque poids auprès des gens positifs.

N'en doutons plus, la navigation Hauturière franchira bientôt le Bosphore égyptien : c'est une assurance donnée par les ingénieurs, généralement admise et dont la Presse de Londres, qui n'est pas suspecte, a donné elle même l'avis officiel.

Ce point une fois admis, il ne nous reste plus qu'à faire ressortir les avantages probables qui se rattachent à l'accomplissement de l'œuvre. Nous allons essayer de soulever le voile qui peut cacher encore les brillantes perspectives de l'entreprise, soit au point de vue de l'intérêt universel, soit au point de vue de la rémunération des actionnaires.

Quelques chiffres, puisés à des sources authentiques, suffiront, nous osons l'espérer, pour dégager ce double inconnu. Mais avant de toucher aux détails statistiques déblayons le terrain des objections.

« Les vents qui règnent dans la Mer Rouge empêcheront, dit-
» on, les navires à voiles de suivre le chemin abréviatif mais im-
» praticable pour eux; la navigation à vapeur seule pourra l'utiliser
» en permanence. »

Le service du passage, réduit même à ces termes, conserverait encore son importance, si l'on considère les progrès chaque jour croissants de cette navigation qui date d'hier et couvre déjà les mers. Tout démontre, en effet, que la vapeur doit se substituer complètement à la voile dans un avenir prochain. Le percement de l'Isthme de Suez, en abrégeant les distances et en facilitant les escales, aidera lui-même à cette révolution accomplie déjà en partie. Le temps n'est pas loin où les bateaux à vapeur deviendront les charretiers presque exclusifs de la mer, comme les chemins de fer, leurs congénères, sont déjà devenus ceux de la terre.

Mais n'anticipons point sur l'avenir et supposons que la navigation se maintiendra dans ses errements actuels.

L'innavigabilité de la Mer Rouge est une de ces fables que dément l'expérience de chaque jour. Des services réguliers sont depuis quelque temps organisés. Un va et vient de bateaux à voiles et à vapeur est établi, et nous ne sachons pas que la mousson, dont on faisait un si grand épouvantail, ait occasionné la moindre solution de continuité. Cette mousson, d'ailleurs, n'a qu'un caractère accidentel, elle ne représente au plus que quatre mois de chômage dans l'année ; or, dans la pire des hypothèses, on voudra bien concéder au moins que le passage sera libre et possible pour tous les navires, sans distinction, pendant les deux tiers de l'année. Ce serait autant de gagné. Mais qu'on se rassure entièrement : où sont passées les flottes de Salomon et les trirèmes de Cléopâtre, où passent journellement encore les dahabies tout aussi primitives des indigènes, sauront bien transiter, en tout temps, nos fins voiliers avec leurs ressources auxiliaires et leurs manœuvres savantes.

Les navigateurs habitués au [long circuit du Cap désapprendront-ils, du jour au lendemain, cette route qu'ils suivent de temps immémorial et ne continueront-ils pas le même itinéraire ?

Telle est la seconde question.

Nous savons combien la routine est réfractaire au progrès ; mais il faudrait faire une trop large part à la force des préjugés pour admettre que des gens pratiques, comme les marins, pussent unanimement repousser une amélioration aussi palpable et aussi évidente que le raccourci de Suez. Quelques navigateurs intelligents expérimenteront, sans aucun doute, la nouvelle voie. Ce début suffit ; la concurrence fera le reste.

La transmission presque instantanée des avis d'outre-mer par les câbles électriques fait, plus que jamais, aux relations internationales l'obligation des procédés sommaires et expéditifs ; personne ne pourrait avec impunité gaspiller le temps et l'argent, sur un champ de bataille où la victoire s'obtient avec des centimes et des minutes. Bouder l'œuvre utile de M. de Lesseps, uniquement pour le plaisir de rendre hommage à la gloire de Vasco de Gama, serait pas trop chevaleresque , et le commerce , essentiellement positif. ne commet point de ces fautes là.

Nous voudrions pouvoir établir toutes les distances comparatives par le Cap et le Canal entre les diverses destinations ; mais un pareil travail nous conduirait trop loin. Nous nous bornerons donc à choisir et à mettre en regard un des points les plus centraux et les plus fréquentés du grand Océan indien et les ports principaux d'Europe et d'Amérique.

Trajet jusqu'à Bombay,

	PAR LE CAP	PAR LE CANAL	ABRÉVIATIONS de la DISTANCE.
	lieues.	lieues.	lieues.
Constantinople	6,100	1,800	4,300
Malte	5,840	2,062	3,778
Trieste	5,960	2,340	3,620
Marseille	5,650	2,374	3,276
Cadix	5,200	2,224	2,976
Lisbonne	3,350	2,500	2,850
Bordeaux	5,650	2,800	2,850
Le Hâvre	5,800	2,824	2,976
Londres	5,950	3,100	2,850
Liverpool	5,900	3,050	2,800
Amsterdam	5,950	3,100	2,850
St-Pétersbourg	6,550	3,700	2,850
New-Yorck	6,200	3,761	2.439
Nouvelle-Orléans	6,450	3,724	2,726

Pour certains points , l'écart n'est pas, il est vrai, aussi considérable, mais les ports les moins favorisés profitent encore d'une économie de parcours très-notable qu'on peut évaluer en moyenne à un avantage de 40 p. o/o au moins.

Réduire ainsi la question à ses plus simples termes, n'est-ce pas la résoudre ?

Intelligent de ses intérêts , chacun saura faire son compte. Placés entre deux parcours dont l'un impose un surcroît de distance, de frais et de danger, les navigateurs qui ont trop souvent appris à leur dépens tout ce que coûtent les navigations lointaines, auront vite fait leur choix. Pressés d'arriver pour augmenter la marge de bénéfices et amoindrir les chances de sinistres, ils iront sans hésiter au plus court et ne voudront pas conserver des entraves quand leurs concurrents emprunteront des ailes. Malheur aux peuples et aux individus qui ne prendraient point hardiment leur parti, les retardataires regagneraient difficilement les avances prises.

Impossible donc d'admettre le moindre doute sur l'emploi du passage, basé sur des convenances réciproques et dès lors tout se réduit à connaître la somme du tonnage et la quantité d'aliments approximatifs qui composent la navigation, spécialement intéressée dans la question.

Le mouvement maritime qui s'effectue par le Cap avait été d'abord évalué à six millions de tonnes, mais le commerce a marché avec le temps, et à cette heure un chiffre, taxé d'exagération, reste de beaucoup au-dessous de la réalité.

Il résulte de documents sérieux, dernièrement relevés par M. Fontane, un écrivain de conscience et de talent, que le mouvement maritime et commercial entre l'Europe, l'Asie et l'Amérique, celui-là même qui aura intérêt à emprunter la nouvelle voie, peut s'établir ainsi qu'il suit :

Pour la France	664,698	tonneaux.
» l'Angleterre	5,182,539	»
» la Belgique	84,000	»
» la Hollande	1,200,000	»
» Brême	90,000	»
» Hambourg	82,500	»
» l'Espagne	30,000	»
» l'Allemagne, l'Italie, la Prusse	292,500	»
» les Etats-Unis (ports sur l'Atlantique)	900,000	»
» les Approvisionnements militaires	300,000	»
Total du mouvement commercial en tonnage de jauge officielle	8,826,237	tonneaux.
Soit en tonnage effectif	11,032,796	»

Telle est l'abondante moisson que l'entreprise de Suez a en perspective, sans compter les futurs contingents ; car il est inévitable que l'aliment productif s'accroîtra en raison même de la rapidité créée. Les voyages se multiplieront et viendront augmenter d'autant la clientèle du canal. C'est une progression nécessaire d'une portée presque incalculable.

Aux termes de l'acte de concession, le droit spécial de navigation, laissant une latitude de 10 *francs par tonneau de capacité de navire et par tête de passager*, il est facile de se faire une idée des bénéfices que peut réaliser la compagnie concessionnaire.

Le nombre seul des voyageurs doit atteindre 150,000.

Loin de nous la pensée que le canal maritime de Suez va monopoliser cet immense aliment, mais nous croyons rester dans le vrai en présumant que la moitié au moins du tonnage total trouvera convenance à emprunter la nouvelle voie ; nous laissons à nos lecteurs le soin de faire le compte de ce que rapporterait le droit de passage, dans cette hypothèse probable, nous n'osons nous même articuler le chiffre tant il nous paraît fabuleux et aller au-delà de toute espérance.

D'après l'aperçu qui précède, il est facile de reconnaître que la marine britannique fournira la clientèle principale du Canal, ce qui fesait dire avec autant d'esprit que de bon sens à M. de Lesseps, un jour que devant lui on déclamait avec aigreur contre l'abstention des capitaux anglais dans la souscription primitive : « patience, John Bul s'exécutera tard, mais il payera l'arriéré. » Personne, en effet, ne contribuera pour une plus large part que lui à la somme des dividendes.

Nous n'avons pas épuisé toutes les sources de revenus : on n'a pas tenu jusqu'à ce jour un compte suffisant des apports que peuvent fournir les affluents de la Mer Rouge, tels que l'Arabie, la Perse, l'Abyssinie et la côte orientale d'Afrique, c'est-à-dire tout ce qu'il y a au monde de plus fertile et de plus riche. Ces contrées, presque vierges, si rapprochées de nous à vol d'oiseau, sont à des distances incommensurables par le fait seul de leur barrage actuel.

Elles sont placées par rapport à l'Occident dans une sorte d'impasse, et le percement de Suez va leur ouvrir immédiatement une large issue. Que de débouchés nouveaux dont profiteront à la fois l'intérêt des actionnaires et celui de tout le monde ! Quelle source féconde d'échanges et de relations ! que d'éléments de fortune et de civilisation !

Ce qui réhausse singulièrement l'œuvre de M. de Lesseps, c'est qu'elle ne se rattache pas seulement à la richesse des nations, mais qu'elle embrasse encore la cause de l'humanité.

En faisant éviter le Cap des Tempêtes, la route abréviative peut prévenir plus d'un naufrage et épargner bien des deuils et des pleurs aux familles. D'autre part, en établissant un trait d'union entre deux mondes dont l'un a beaucoup à apprendre, elle doit accomplir une œuvre d'instruction et de progrès, et se recommande à tous les hommes de cœur. Ce côté glorieux de la question n'a pas peu contribué à rendre le nom de M. de Lesseps si sympathique et si populaire.

D'autre part, pour évaluer toutes les ressources de l'avenir, ne doit-on pas tenir compte de la valeur représentée par la concession de 14 mille hectares de terrains que la Compagnie pourra vendre plus tard de 30 à 50 fr. le mètre ? Déjà plusieurs industriels et le gouvernement français lui-même ont fait des acquisitions dans ces prix.

On ne doit point oublier aussi, comme pouvant devenir productif par la suite, cet immense matériel qui sert actuellement à l'exécution des travaux, et qui le jour où il sera disponible pourra être utilisé ailleurs.

En effet, ne reste-t-il pas à ouvrir le passage qui unirait l'Atlantique au grand Océan. N'y a-t-il pas à réaliser le projet qui tend à faire disparaître le second obstacle élevé par la nature entre les relations des mondes et qui, agité dans un congrès américain, a déjà fait l'objet de sérieuses études.

Les appareils puissants de MM. Borel et Lavalley, après avoir percé l'Itshme de Suez, peuvent fort bien venir à bout de l'Isthme

de Panama : le même outillage suffirait pour faire double merveille!
C'est ainsi que dans les conquêtes du génie humain tout se tient et
s'enchaîne providentiellement.

C'est une idée que nous aventurons, et dont l'application pourrait avoir une portée sérieuse pour les apports futurs de l'entreprise. Mais, sans viser aussi haut, ne peut-on pas admettre qu'un
matériel aussi perfectionné (1) qui n'a pas couté moins de 60 millions, trouvera toujours son placement, si non en bloc, du moins en
détail. Dès lors, n'y a-t-il pas lieu de le faire figurer au moins pour
la moitié de sa valeur à l'actif social, ce qui diminuerait le coût pri-
mitif de 30 millions et allégerait d'autant les charges financières de
l'affaire.

L'ensemble de ces considérations doit singulièrement rassurer,
ce nous semble, les craintes qu'avaient tout d'abord jetées dans les
esprits des calculs par trop pessimistes.

Qu'on ne l'oublie pas, l'union des deux mers, taxée si long-
temps d'utopie, sera, dans huit mois, un fait accompli : la grande
navigation, substituée aux caravanes, passera à travers le désert

---

(1) RELEVÉ DU MATÉRIEL

10 Broyeurs mécaniques.
 4 Dragues à manivelle.
19 Petites dragues.
58 Grandes dragues dont 20 à long couloir.
79 Bateaux à vapeur déchargeurs de déblais à portée de fond, dont 37 pouvant tenir
     la mer.
30 Bateaux à vapeur à portes latérales.
18 Elevateurs.
90 Chalands flotteurs.
100 Caisses à déblais.
30 Grues à vapeur.
60 Locomolites et 15 locomolises.
20 Excavateurs à vapeur, à sec ou insaillis.
1800 Wagons de terrassements.
25 Canots à vapeur *ou* Remorqueurs.
220 Chalands en fer.

   Sans compter le matériel spécial pour le service de l'exploitation du transit et
qui est encore d'une grande importance.

canalisé : il n'y a donc pas de temps à perdre pour les peuples commerçants qui ne veulent pas être distancés.

Naguère, la fièvre de l'or a saisi tout le monde : des quatre points cardinaux la convoitise s'est donné rendez-vous dans les placers de la Californie, mais il y a quelque chose de moins aléatoire et de plus précieux que l'exploitation des gîtes aurifères, c'est l'échange international des produits, et nous signalons aux chercheurs sérieux de la fortune le nouveau champ ouvert à la navigation et au commerce.

L'Angleterre, qui sait faire à temps volte-face, ne sera pas la dernière, croyez-le, à prendre pied sur ce nouveau théâtre.

L'expédition d'Abyssinie a porté son enseignement : la Grande-Bretagne, ravisée, a déjà mis en campagne une armée d'explorateurs ; elle tire ses plans et jette des jalons partout avec sa prévoyance accoutumée. Ce serait douloureux pour la France, à qui revient tout l'honneur de cette grande entreprise, d'en laisser échapper les profits. Il appartient à ses enfants de tenir haut leur drapeau sur leurs propres chantiers, les travailleurs de la veille ne doivent pas être supplantés par les calculateurs du lendemain.

Marseille, nous en sommes fiers, a compris toute l'importance de son rôle ; elle s'est préparé de longue main aux conquêtes de l'avenir. Ses immenses superficies d'eau abritée et de quais utilisables, ses vastes bassins de radoub, ses chantiers de construction et de réparation, ses forces hydrauliques, ses docks modèles, ses nombreux établissements de crédit, en un mot, ses installations grandioses, prêtes à répondre à tous les besoins, créent en faveur de notre chère cité des avantages dont on ne retrouve l'équivalent nulle part sur le littoral méditerranéen. C'est une position vraiment unique et faite tout exprès pour les communications directes et les grandes correspondances qui vont s'établir. Nul marché ne peut offrir plus de ressources que le nôtre aux cargaisons apportées de l'extrême Orient : c'est le point indiqué par la géographie pratique où doit se fixer un entrepôt cosmopolite.

Avec le percement de l'isthme de Suez, Marseille devient la continuation des Indes et comme l'avant-port de l'Angleterre. Cette reine française de la Méditerranée ajoute ainsi de nouveaux fleurons à sa couronne ; elle étend son sceptre commercial et met du même coup Londres et Calcutta au nombre de ses tributaires.

Notre édilité bien inspirée vient de voter, il y a quelques jours, un buste à MM. Consolat et Montricher ; elle a voulu transmettre à la postérité les traits du Magistrat et de l'Ingénieur éminents auxquels Marseille est redevable de son Canal. Elle a choisi pour emplacement le plateau, aujourd'hui monumental, de Longchamp, l'endroit même où les eaux de la Durance feront leur entrée en quelque sorte triomphale. La cité toute entière s'est associée à ce vote de bon goût qui est l'expression même de ses sentiments ; elle applaudit de grand cœur à cet acte presque tardif de justice, mais il reste à acquitter une autre dette, non moins sacrée, de reconnaissance.

Le jour où le Canal maritime sera entièrement achevé, Marseille, qui est appelée, plus qu'aucune autre ville, à profiter de la voie nouvelle, doit hautement reconnaître ce service. Il faut que le marbre ou l'airain, confié à un grand artiste, reproduise sans retard l'effigie de cet homme de tête et de cœur qui, dans l'exécution d'une œuvre presque surhumaine, n'a pas éprouvé un seul instant de défaillance, dont la popularité est de si bon aloi et dont la renommée traversera les siècles.

La statue de M. de Lesseps a sa place marquée en face de ce port dont le raccourci de Suez va agrandir les destinées, en même temps qu'il inaugurera pour le monde entier une ère de civilisation et de progrès.

Qu'on nous permette de reproduire , en terminant, une pièce presque historique , nous voulons parler des vers que nous avons eu l'honneur de prononcer, comme délégué de Marseille et au nom

de la Commission Internationale, dans un banquet donné le 6 avr
1864, chez le Consul de France à Alexandrie, et où étaient repré
sentés tous les pays du monde, moins l'Angleterre.

> A Monsieur de Lesseps, notre illustre convive !
> Travailleur sans égal, plein de cette foi vive
> Qui déplace les mers et transporte les monts;
> Il féconde du Nil les généreux limons,
> Et va, ressuscitant l'Egypte nourricière,
> Changer en grains de blé tous ses grains de poussière.
> L'obstacle de Suez s'aplanit sous sa main;
> Au golfe d'Arabie il découpe un chemin,
> Et marie aujourd'hui, merveilleuse hyménée,
> A l'Océan Indien la Méditerranée.
> A travers les sillons par son génie ouverts,
> Il unit pour la paix deux bouts de l'Univers
> Et devient, en créant cette œuvre sans seconde,
> Le collaborateur de Dieu qui fit le monde.
> Le burin de l'histoire incrustera son nom
> Sur l'éternel granit du Sphinx et de Memnon.

Notre amour propre d'auteur n'entre pour rien dans cette
seconde édition que nous donnons à une pièce de circonstance
Notre unique but, en exhumant ce vieux souvenir, est de rappele
que nous sommes un croyant de la première heure.

Accusé de lyrisme par certains spéculateurs à la baisse, e
traité de visionnaire par des aveugles, nous éprouvons une satis-
faction bien légitime, aujourd'hui que la clarté s'est faite pou
tout le monde, de pouvoir dire aux prophètes de malheur
les faits ont démenti votre prose malveillante et justifié no
alexandrins.

S. BERTEAUT.